Meine besten

Geschichten vom Bauernhof

Illustration: Miguel Epes
Text: Katja Epes

Inhalt

Auf dem Bauernhof

Schon früh am Morgen ist Bauer Thomas auf dem Feld. Mit dem schweren Eisenpflug durchpflügt er die braune Erde, damit sie weich und locker wird. Nächste Woche möchte er die Saatkartoffeln auslegen, damit die Kartoffeln im Herbst geerntet werden können. Bis dahin vergeht aber noch viel Zeit und es gibt den Sommer über eine Menge zu tun. Bauer Thomas pflanzt nicht nur Kartoffeln an, er will auch Mais und Getreide aussäen. Auch um das Heu muss er sich kümmern. Wenn es getrocknet ist, bekommen es die Tiere im Winter. Auf dem Bauernhof leben viele Tiere und jedes einzelne braucht reichlich Aufmerksamkeit und Pflege. Fünf Pferde hält Bauer Thomas auf seinem Hof. Sie grasen die meiste Zeit auf der Koppel.

Früher, als es noch keine Traktoren gab, wurden die Pferde zur Feldarbeit eingesetzt. Sie mussten mit ihren Besitzern oft den ganzen Tag auf dem Acker tätig sein. Heute gibt es glücklicherweise Maschinen, die den Tieren und den Menschen die Arbeit erleichtern. Die Pferde von Bauer Thomas dürfen auf der Koppel springen und rennen. Manchmal reiten auch die Kinder auf ihnen oder sie ziehen den Karren zum Markt, wenn das Gemüse und Obst verkauft wird.
Im Gras liegt ein kleiner Igel und schaut dem Bauern bei der Feldarbeit zu. Die anderen Tiere halten sich versteckt, denn sie haben Angst vor dem lauten Traktor.

Keine Angst vor großen Katzen

Auf dem Hof singen und pfeifen die kleinen Meisen. Es ist sehr warm heute und die Vögel planschen fröhlich im Brunnen. Doch nicht weit entfernt lauert Linda, die graue Katze. Sie beobachtet die kleinen Vögel. Ganz langsam schleicht sie sich heran und springt auf die beiden zu. Die Vögel erschrecken natürlich sehr und fliegen hoch. Doch so schnell lassen sie sich nicht von Linda vertreiben. Pinki, der kleinere der beiden Vögel, hat eine Idee: „Wir werden die freche Katze einfach weglocken.“ Flink sucht er einen dicken Wurm und fliegt auf die Katze zu. Mit dem Wurm im Schnabel lockt er Linda bis in den hohen Kastanienbaum. Die Katze, die nun neugierig geworden ist, springt in den Baum und klettert die dicken Äste hinauf. Die schlaue Meise fliegt schnell zurück zum Brunnen. Nun können die beiden ungestört ihr erfrischendes Bad fortsetzen.

Hühnerbabys schwimmen nicht!

Heute ist ein sehr warmer Tag und im Hühnerstall ist es unerträglich heiß. Die Henne beschließt, mit ihren Kindern einen Spaziergang an den nahe gelegenen Bach zu unternehmen. Die Küken sind ganz aufgeregt, denn es ist das erste Mal, dass sie ihr Zuhause verlassen. Neugierig betrachten sie alles, was ihnen auf dem Weg begegnet. Das hohe Gras kitzelt sie an den Füßchen und sie staunen über die vielen bunten Blumen. Noch etwas wackelig tapsen sie hinter ihrer Mutter her. Die Henne ist sehr aufmerksam, denn der erste Ausflug mit den Küken ist immer sehr aufregend und nicht ungefährlich!

Im Hof sehen sie das erste Mal den Hund Paul. Sein Bellen haben sie schon oft gehört, denn er bellt viel und laut. Neugierig betrachten sie ihn und staunen über sein dichtes und struppiges Fell. Paul aber lässt sich nicht stören. Er ist die wissbegierigen Blicke der kleinen Küken gewöhnt. Dann endlich erreichen sie den kühlen Bach, der sich langsam durch die Wiesen schlängelt. Am Ufer entdecken sie eine Igelfamilie. Als eines der Küken sich dem Igel nähert, holt die Henne es schnell zurück. „Pass auf, wenn du nicht gestochen werden willst. Igel haben spitze Stacheln!“ Doch schon gibt es etwas viel Interessanteres zu sehen: Im Fluss schwimmt eine weiße Ente mit ihren Kindern. Da staunen die kleinen Küken. „Sieh nur!“, rufen sie ihrer Mutter zu. „Wir wollen auch so schwimmen.“ Aber die Henne gackert vergnügt. „Hühner können nun mal nicht schwimmen. Was ihr hier seht, sind kleine Entchen!“ Die Küken staunen sehr, als plötzlich ein kleiner Karpfen an die Wasseroberfläche kommt. Das Entchen ist erst ein wenig ängstlich, doch dann schwimmt es darauf zu.

Die Küken gackern vergnügt. So ein komisches Tier haben sie auch noch nicht gesehen. Und was für ulkige rote Punkte es auf dem Rücken hat! Doch dann ruft die Henne ihre Küken zurück. „Kommt, Kinder, im Stall gibt es frisches Futter! Da hüpfen die Hühnchen, so schnell sie können, zurück zum Hof, denn der Ausflug hat sie hungrig gemacht. Die Bäuerin hat das Futter schon neben den Stall gestellt und die Hühner picken eifrig die Körner aus dem blauen Napf. Da entdeckt das kleinste von ihnen eine Schale, die unter einem tropfenden Wasserhahn das Wasser auffängt. „Ich möchte jetzt schwimmen lernen und mit den Entchen über den Fluss paddeln", ruft es aufgeregt. Doch die Henne kommt schnell angerannt und holt ihr Küken zurück. Gackernd schimpft sie: „Hühnerbabys schwimmen nicht!"

Im Kuhstall

Die meisten Kühe sind schon früh am Morgen auf die Weide zum Grasen getrieben worden. Jetzt ist es etwas ruhiger im Kuhstall, denn nur die Mütter mit den Kälbchen sind zu Hause geblieben. Einige von ihnen wurden schon gemolken und der Bauer hat die frische Milch in große Milchkannen abgefüllt. Das Kätzchen Minki würde zu gerne einen großen Schluck von der köstlichen Milch trinken. Doch die schweren Kannen sind fest verschlossen. Das kleine Kälbchen trinkt friedlich die warme Milch aus dem roten Eimer. Es lässt sich nicht von den Hühnern stören, die auf ihrer ständigen Suche nach Körnern den ganzen Boden absuchen.

Der Bauer hat schon heute Morgen um sechs Uhr den Hof verlassen und fährt mit seinem Traktor und einem Mistbreiter über die Felder. Der Traktor zieht den Mistbreiter, der mit Mist beladen ist, hinter sich her. Der Mistbreiter sieht eigentlich wie ein gewöhnlicher Anhänger aus. Er hat aber am hinteren Ende sich schnell drehende Walzen, die den Mist gleichmäßig auf die Felder verteilen. Der Mist enthält viele wichtige Nährstoffe für die Erde, in der die Pflanzen ausgesät werden. Das wissen auch die neugierigen Schwalben, die hinter dem Traktor herfliegen. Sie warten darauf, dass irgendein essbares Stückchen vom Mistbreiter auf den Boden fällt.

Im Sturzflug lassen sie sich dann zu Boden gleiten und schnappen sich den Brocken. So geht das nun schon viele Stunden, denn die Arbeit dauert lange und muss gewissenhaft ausgeführt werden. Ein kleiner Hase hat sich am Ackerrand versteckt und beobachtet das Treiben. „Wie kann man nur so verrückt nach Mist sein?“, fragt er sich und beobachtet kopfschüttelnd die fröhlichen Schwalben. Dann hoppelt er wieder in sein sicheres Versteck, einen ausgehöhlten Baumstamm.

Endlich ist Bauer Thomas fertig. Zufrieden dreht er seinen Traktor und fährt zurück auf den Hof. Aber seine Arbeit ist noch lange nicht beendet. Als Nächstes besucht er die Kühe im Kuhstall.

Die Kuh Elisa hat heute Nacht ein kleines Kälbchen geboren. Es ist noch sehr wackelig auf den Beinen und betrachtet ängstlich die neugierigen Menschen. Kevin, der Sohn des Bauers, ist die ganze Nacht im Stall geblieben und hat sich um das Kälbchen gekümmert. Endlich steht es von alleine auf und geht einige Schritte. Als Kevin ihm einen Eimer mit Milch hinstellt, beginnt es vorsichtig zu schlecken. Die Mutter Elisa sieht voller Stolz zu. Es ist schon ihr drittes Kälbchen. Die anderen sind schon groß und grasen mit der Herde auf der Weide. Elisa freut sich darüber, dass Kevin sich um das Kleine kümmert. So hat sie etwas Ruhe nach der anstrengenden Geburt.

Im Kuhstall ist es warm und nur wenig Licht fällt durch die kleinen Fenster. Bauer Thomas hat die Kühe an eine Melkmaschine angeschlossen. Das vereinfacht ihm die Arbeit. Die Milch wird direkt von den Schläuchen in einen großen Milchtank gefüllt. Am Vormittag kommt ein Lastwagen, der die Milch zur Molkerei bringt. Dort wird die Milch abgefüllt. Aus Milch werden auch Butter, Sahne, Käse oder Jogurt hergestellt.

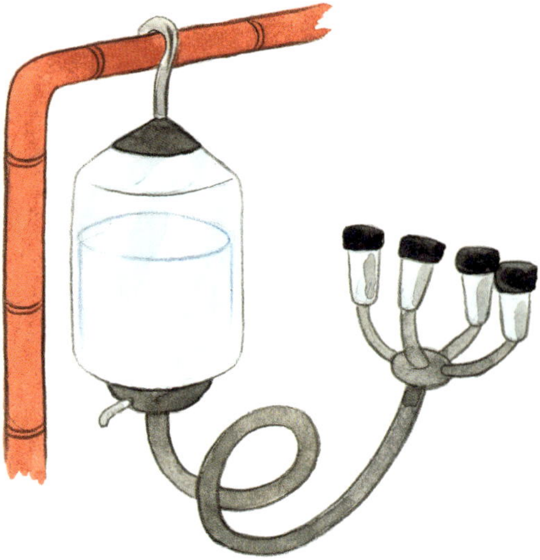

Die Kühe mögen es lieber, wenn sie noch mit der Hand gemolken werden, so wie Bauer Thomas das früher immer getan hat. Damals hatte er aber nur zwei Kühe und viel weniger Arbeit.
Heute hat er über 15 Kühe auf dem Hof. Wenn er die alle mit der Hand melken müsste, würde er dafür fast den ganzen Vormittag brauchen. Mit der Melkmaschine geht es wesentlich schneller. Die Saugnäpfe werden an die Euter gedrückt und dann melkt die Maschine von ganz alleine. So kann Bauer Thomas mehrere Kühe auf einmal melken und bekommt in kürzester Zeit seinen Milchtank voll.

Ein eitler Pfau

Unter all den Tieren auf dem Hof gibt es eine Art, die sich für besonders schön hält: Das ist der Pfau. Jeden Morgen schlägt er seine wunderschön bläulich schimmernden Federn zu einem großen Rad und stolziert über den Hof. Am Anfang konnte er allen Tieren damit imponieren. Das Geraune und Gestaune war groß, wenn der Pfau sein prächtiges Federkleid präsentierte. Mittlerweile haben sich die Tiere daran gewöhnt und schauen gar nicht mehr hin, wenn sie den eitlen Pfau von weitem kommen sehen.
Eines Tages aber passierte etwas sehr Aufregendes: Bei Familie Pfau hatte sich Nachwuchs angemeldet. Vier große, weiß schimmernde Eier hatte die Frau des Pfaus im Morgengrauen gelegt. Stolz verkündete der Pfau die Nachricht auf dem Hof.

Doch die Hühner, die sich schon immer über ihren eingebildeten Nachbarn geärgert hatten, spielten ihm einen Streich. Sie tauschten die prachtvollen Pfaueneier gegen ganz gewöhnliche Hühnereier. Als es dann endlich so weit war und die Eierschalen sich langsam öffneten, war der Pfau schon mächtig aufgeregt. Er rief über den ganzen Hof, dass die schönsten Kinder der Welt bald da wären! Als er dann aber erneut in das Nest schaute, erschrak er fürchterlich. Da lagen ganz normale, gelbe Hühnerküken! Doch die Hennen klärten ihn schnell auf und stolz konnte er wenig später die echten Pfaueneier aus dem Hühnerstall holen. Von dem Tag an sprach der Pfau nie mehr über seine unglaubliche Schönheit, sondern war nett und hilfsbereit zu allen anderen Tieren.

Ein Fohlen für Josefine

Die Ziegen liegen gemütlich auf der Weide, als drei Küken piepsend angeflitzt kommen. „Kommt schnell in den Pferdestall, Josefine bekommt ihr Fohlen!“ Aufgeregt hüpfen die Hühnchen wieder davon. Die Ziegen aber lassen sich nicht aus der Ruhe bringen, denn auch bei ihnen ist ein kleines Zicklein geboren worden. Es ist jetzt zwei Wochen alt und sehr neugierig, obwohl es sich nie zu weit von der Mutter entfernt. „Komm her zu mir!“, ruft ihm Trude, die älteste Ziege, zu. „Hier wächst ein Bäumchen mit ganz frischen grünen Blättern.“ Doch das Zicklein hat Angst, so weit von der Mutter wegzugehen. Ängstlich versteckt es sich und will nicht zu seiner Tante springen. „Dann fresse ich eben alles alleine!“, ruft sie der kleinen Ziege zu und beißt genüsslich in die frischen Blätter.

Im Stall liegt die Stute Josefine und leckt freudig das neugeborene Fohlen. Alle anderen Tiere freuen sich mit Josefine, denn seit vielen Jahren wünscht sie sich ein kleines Fohlen.

Die Arbeit auf dem Feld

Bauer Thomas hat den Traktor aus der Scheune geholt. Er will hinaus auf die Felder fahren. Diesmal hängt er die schwarze Egge an, denn er will die Erde auf dem Feld lockern. Die Eisenzähne des Anhängers graben sich in die dunkle Erde hinein und lockern den Sand, damit das Einpflanzen später nicht so schwer ist. Auf diesem Feld möchte der Bauer Getreidekörner aussäen. Um die Saatrillen möglichst fein ziehen zu können, muss die Erde vorher gelockert werden. Für so eine Arbeit braucht der Bauer einige Stunden, denn immer wieder muss er mit dem Traktor das Feld hoch- und dann wieder hinunterfahren. Am Rande des Feldes hat sich schon eine Krähe niedergelassen. Sie wartet auf die Aussaat der Körner. Für die Vögel sind die Samenkörner ein leckeres Fressen.

Spät am Nachmittag fährt der Bauer wieder zurück auf den Hof. Er muss noch die Säcke mit dem Saatgut bereitstellen, denn gleich morgen Früh möchte er das Getreide aussäen. Auf dem Weg ins Bauernhaus kommt er am Fischteich vorbei. Der Hund Charly kommt freudig auf ihn zugerannt und wedelt mit dem Schwanz. „Hallo, Charly!“, begrüßt ihn der Bauer. „Warst du heute schon schwimmen?“ Charly ist nämlich ein begeisterter Schwimmer. Fast jeden Tag springt er mit einem großen Sprung in den kleinen kühlen Teich. Die Tiere, die dort leben, sind darüber gar nicht erfreut. Sie bekommen jedes Mal einen großen Schreck.

Am Teichrand hat sich ein grasgrüner Frosch niedergelassen. Charly will gerade in den Teich springen, als er den grünen Wasserfrosch erblickt. Irgendwie findet er, dass dieser Frosch gefährlich aussieht mit seinen großen Glubschaugen und der dicken roten Zunge. Genau in diesem Moment kommt eine Fliege vorbeigeflogen und in weniger als einer Sekunde hat der Frosch sie mit seiner klebrigen Zunge gefangen und runtergeschluckt. „Brrr, ist das eklig!“, ruft Charly entsetzt und beschließt, heute ausnahmsweise nicht in den Teich zu hüpfen. „Ich hab keine Lust, als Froschfutter verspeist zu werden!“, murmelt er vor sich hin und schleicht gelangweilt davon. Der Frosch allerdings ahnt nicht, dass er soeben den großen Hund verjagt hat. Gelassen sitzt er auf einem Blatt und genießt die Ruhe am Teich.

Die erste Kutschfahrt

Am Nachmittag kommt der Schäferhund Rollo auf die Koppel gerannt und bellt ausgelassen. „Bereitet euch vor!“, ruft er den Pferden zu. „Der Bauer will mit seiner Familie in der Kutsche ausfahren.“ Da kommen die Pferde freudig angerannt Sie lieben es, die Kutsche durch den Wald zu ziehen. Schnell galoppieren sie an das Geländer und warten auf den Bauern. Nur Lissy, das kleine braune Pony, bleibt mit gesenktem Kopf hinten stehen. „Was ist los mit dir?“, fragt Rollo. Das Pony antwortet traurig: „Ach, ich bin das einzige Pferd hier ohne Hufeisen, und du weißt doch, dass wir die Kutsche nur ziehen dürfen, wenn wir die Hufe beschlagen haben.“

Da hat Rollo eine Idee. „Komm mit mir!“, ruft er dem kleinen Pony zu. Der Schmied ist im Stall und kann auch dir ein paar Hufeisen anpassen!“ Schnell rennen die beiden zum Stall und öffnen die Tür. Aber der Schmied ist nicht mehr zu sehen. „Vielleicht ist er schon wieder weggefahren?“, flüstert das kleine Pony traurig. „Nein, lass uns weitersuchen. Ich habe doch sein altes verrostetes Auto auf dem Weg stehen sehen. Sicherlich ist er bei der Bäuerin und bekommt etwas zu essen.“ Da plötzlich hören sie ein lautes Hämmern aus der Scheune. Schnell rennen sie hin und öffnen die Tür. Im Innern der Scheune sehen sie den Schmied mit all seinen Werkzeugen. „Kommt nur herein“, ruft er den beiden zu. „Als Nächstes ist Lissy an der Reihe.“

Das kleine Pony betritt ängstlich die dunkle Scheune. Auf dem Tisch liegen viele unbekannte Dinge. Als der Schmied bemerkt, dass das Pony etwas eingeschüchtert ist, redet er behutsam mit ihm: „Nur keine Angst, Lissy, dir geschieht schon nichts!“ Dann beginnt er mit dem Abmessen der Hufe und bearbeitet vier kleine Hufeisen, die genau auf die Hufe des Ponys passen.

Mit dem Hammer schlägt er das Eisen in die passende Form. Damit sich das Eisen besser formen lässt, hält er es über eine Flamme und macht es heiß. Nach einer halben Stunde ist alles vorbei. Das Pony hat vorne und hinten silbrig glänzende Eisen bekommen. Stolz schreitet es über den Hof. Da kommt auch schon Bauer Thomas mit seiner Familie und ruft das kleine Pony zu sich. „Hallo, Lissy“, sagt er und streichelt dabei dem Pony liebevoll über die braune Mähne. „Heute darfst du das erste Mal mit uns ausfahren!“ Bauer Thomas holt die Kutsche und legt Lissy das Geschirr an. Endlich geht es los! Fröhlich fahren sie alle zusammen durch den schattigen Wald.

Zarah kommt zu Besuch

Heute bekommen die Hunde des Bauernhofes Besuch. Zarah, eine Labradorhündin aus der Stadt, ist mit ihren Besitzern auf den Hof gekommen, um frisches Gemüse einzukaufen. Sie fühlt sich sehr wohl hier und genießt das Zusammensein mit den vielen anderen Tieren. In der Stadt ist sie es nicht gewöhnt, dass Hühner, Enten, Katzen, Hunde und Kühe alle friedlich zusammen leben. Plötzlich kommt ein bunter Schmetterling geflogen und setzt sich mitten auf ihre Nase. Verwundert schüttelt sie sich und der Schmetterling fliegt davon. Am Ende des Tages schenkt ihr die Bäuerin einen großen Knochen, den sie mit nach Hause in die Stadt nehmen kann.

Die neunmalklugen Küken

Heute ist viel los im Gemüsegarten. Zwei Kaninchen haben sich zwischen die Salate geschmuggelt und knabbern an den frischen grünen Blättern. Der Katze gefällt das gar nicht, denn sie weiß, dass Bauer Thomas das nicht mag. Auch die Henne ist mit ihren Küken bis zum Garten gelaufen. Sie ist immer noch auf der Suche nach Würmern und Körnchen. Die beiden Küken sind jetzt gerade mal zwei Wochen alt und durften noch nicht alleine über den Hof hüpfen. „Bitte, bitte", betteln sie ihre Mama an, „du musst uns nicht immer begleiten."

Die Henne ist etwas ängstlich, denn es gibt viele Gefahren hier auf dem Gelände. Doch dann willigt sie ein. „Immerhin seid ihr nun schon zwei Wochen alt.“ Fröhlich machen sich die beiden Küken alleine auf einen Erkundungsgang. „Es gibt sicherlich viel zu sehen und zu erleben!“, freut sich das eine Küken. „Lass uns zuerst den Bauern besuchen“, schlägt das zweite Hühnchen vor und schon trippeln sie los.
Der Bauer ist mal wieder auf den Feldern, denn heute muss das Heu gemäht werden. Mit dem Mähwerk schneidet er das Gras. Das lässt er noch zum Trocknen in der Sonne liegen. Die Küken haben sich im hohen Gras versteckt und beobachten ihn neugierig. „Was macht er da nur?“, fragt das eine. „Ist doch ganz klar. Er pflanzt Kartoffeln ein!“, antwortet das zweite Küken neunmalklug.

„Ich sehe aber keine Kartoffeln!“, wundert sich das erste Küken. „Die wachsen ja auch erst an den Grashalmen“, antwortet das zweite Küken, obwohl das gar nicht stimmt. „Und wieso mäht er dann das Gras?“ „Damit die Kartoffeln sich darunter vor dem Regen schützen können“, sagt das zweite Hühnchen rechthaberisch. Da staunt das erste Küken. „Ich dachte immer, Kartoffeln werden in die Erde gepflanzt.“ „Ach, alles Quatsch“, antwortet das andere, „du kannst mir ruhig glauben.“
Gut, dass Bauer Thomas die beiden Küken nicht verstanden hat. Er hätte sicherlich laut lachen müssen über den Unsinn, den die beiden da erzählt haben. Dass Kartoffeln unter der Erde wachsen und sich nicht unter Gras verstecken, weiß doch nun wirklich jeder!

Neugierig setzen die beiden Küken ihren Weg fort, bis sie an einen alten Baumstumpf gelangen. Plötzlich staunen sie: „Sieh nur, was ist denn das?“, fragt das eine Küken, als sie eine Schnecke entdecken. Aufgeregt hüpft das zweite Hühnchen darauf zu. „Bist du eine Biene?“, fragt es die Schnecke neugierig. Doch die Schnecke hat keine Lust und auch keine Zeit, sich mit solch einer dummen Frage zu beschäftigen. Langsam setzt sie ihren Weg fort. „Du musst eine Biene sein. Meine Mama hat nämlich gesagt, dass Bienen gestreift sind und Stacheln haben!“ „Ja, genau“, stimmt das zweite Hühnchen zu.

„Und du bist gestreift und hast zwei gefährliche Stacheln auf dem Kopf.“ Da freuen sich die Küken, denn sie glauben, dass sie eine echte Biene entdeckt haben. „Du bist eine Biene, eine Biene!“, piepsen sie. „Du brauchst gar nicht so schnell wegzukriechen, wir wissen das genau!“, rufen sie der langsamen Schnecke hinterher. Die Schnecke setzt unbekümmert ihren Weg fort. Plötzlich aber bleibt sie stehen und dreht langsam ihren Kopf zu den Küken. Dann beginnt sie zu sprechen: „Wenn ihr wirklich glaubt, dass ich eine Biene bin und meine Fühler auf dem Kopf gefährliche Stachel sind, wo habe ich dann meine Flügel?“ Da schauen sich die beiden Küken verwundert an. Flügel? Das hatte ihnen ihre Mama aber nicht gesagt. „Wenn Bienen Flügel hätten, dann wüssten wir das, du dumme Biene!“, antwortet das zweite Küken patzig und dann rennen sie schnell davon.

Auf dem Weg zurück in den Hühnerstall kommen sie bei den Gänsen vorbei. „Hallo, ihr beiden Kleinen!“, rufen ihnen die Gänse freundlich zu. „Was heißt hier klein? Wir sind immerhin schon zwei Wochen alt!“, antwortet ein Küken keck. „Zwei Wochen? Das sind ja schon vierzehn Tage!“, lacht die Gans. Plötzlich kommt von hinten die rote Katze angerannt und stößt den Wassereimer um. „Pass doch auf!“, ruft die Gans der Katze hinterher. Doch die ist schon wieder verschwunden. Die Küken machen sich ebenfalls auf den Heimweg. Der Ausflug hat sie müde gemacht.

Das Heu wird eingeholt

Die Pferde stehen grasend auf der saftigen Weide, als sie plötzlich ein tuckerndes Geräusch hören. Verwundert laufen sie zum Gatter und sehen Bauer Thomas, der mit seinem Traktor unterwegs ist. Auch ein kleines Eichhörnchen ist neugierig geworden und linst um die Ecke. Die beiden Pferde Ricci und Rocco sind unzertrennlich, denn sie sind zusammen aufgewachsen und waren in ihrem ganzen Leben noch nicht einen Tag lang getrennt. Bei Bauer Thomas sind sie für die Kutsche zuständig, mit der er das Gemüse und Obst zum Markt fährt.

Das abgemähte Heu ist nun getrocknet und kann eingeholt werden. Bauer Thomas hat dafür seinen Ladewagen mit auf das Feld genommen und zieht ihn mit dem Traktor darüber. Das Heu wird von Eisenzähnen aufgenommen und auf die Ladefläche transportiert. Dann fährt er es in die Scheune. Dort wird es dann abgeladen. Die Tiere fressen das getrocknete Heu sehr gerne, besonders im Winter, wenn es kein frisches Gras gibt. Es dauert lange, bis das ganze Heu eingeholt ist. Der Bauer muss mehrmals am Tag vom Acker in die Scheune fahren.

Am Rande des Feldes hat sich ein kleiner Maulwurf versteckt. Neugierig lugt er aus seinem Maulwurfshügel hervor. Er ist von dem lauten Tuckern geweckt worden und will nun wissen, was dort oben los ist. Sehen kann er Bauer Thomas nicht, denn Maulwürfe sind fast blind und können bei Tageslicht nichts erkennen. Mit ihren scharfen Krallen graben sie unter der Erde kilometerlange Tunnel.

„Kikeriki!“, kräht der Hahn

Sobald die Sonne aufgeht, beginnt der Hahn zu krähen. „Kikeriki!“ Dann wissen alle Tiere und Menschen auf dem Hof, dass es Zeit zum Aufstehen ist. Der Hahn ist jeden Morgen der Erste, aber er geht abends auch sehr zeitig schlafen. Dieser Hahn ist der einzige hier auf dem Bauernhof. Außer ihm gibt es noch über zehn Hennen. Wenn Hennen mit einem Hahn zusammenleben, können aus ihren Eiern kleine Küken entstehen.

Es dauert ungefähr drei Wochen, bis ein Ei von der Henne ausgebrütet ist. So lange müssen die Glucken auf den Eiern sitzen. Der Hahn passt in der Zwischenzeit auf, dass sich keine Gefahr dem Hühnerstall nähert. Manchmal machen sich nachts Eierklauer auf den Weg und versuchen, die frischen Eier zu stehlen. Auch Füchse sind eine große Gefahr für die Hühner. Auf dem Bauernhof von Bauer Thomas ist aber zum Glück noch nichts Schlimmes passiert.

Der Bauer ist schon zeitig auf dem Feld. Er beginnt seinen Tag früh, denn später scheint die Sonne sehr heiß und er will bis dahin das Getreide abgemäht haben. Sein Hund Rollo schließt sich ihm an.
Er ist ein treuer Begleiter und immer an seiner Seite.

Das hungrige Mäuschen

Mitten auf der Wiese hat Minka, die Katze, ein kleines Mäuschen entdeckt. Eigentlich wollte sie sich einen Spaß machen und die Maus über das Feld jagen. Doch komischerweise hat die Maus überhaupt keine Angst. „Was bist du denn für ein Mäuschen?“, fragt sie erstaunt. „Eine Maus, die keine Angst vor Katzen hat, finde ich langweilig!“ Da piepst das kleine Mäuschen „Ich habe schon große Angst vor Katzen, aber im Moment ist mein Hunger viel zu groß, um ängstlich zu sein.“ Da hat die Katze Mitleid und führt die neue Freundin in die Speisekammer. So viel Essbares hat die Maus noch nie gesehen! Freudig beginnt sie, an einem löchrigen Stück Käse zu knabbern.

Beim Mähdreschen

Heute muss Bauer Thomas das Getreide mähen. Aus den Körnern der Getreideähren mahlt man Mehl. Aus dem Mehl wird Brot, Kuchen und noch vieles mehr gemacht. Zum Ernten des Getreides braucht Bauer Thomas einen großen Mähdrescher. Der Mähdrescher schneidet das Getreide ab und drischt es. Beim Dreschen werden die Körner aus den Ähren geschlagen und von der Spreu getrennt. Die Ähren kommen in die Maschine. Das Stroh bleibt hinter dem Mähdrescher liegen und wird erst später zu Strohballen gebunden.

Der Traktor fährt mit dem Anhänger voller Körner zur Mühle. Dort werden sie entweder gleich zu Mehl verarbeitet oder in einem Silo aufbewahrt. Das Mehl wird später an Bäckereien oder Supermärkte verkauft. Erst spät am Abend ist Bauer Thomas fertig. Das Mähdreschen ist zeitaufwändig und muss sehr gewissenhaft gemacht werden.

Herzlich willkommen, Tierkinder!

Dieses Jahr hat es auf dem Hof fast bei allen Tieren Nachwuchs gegeben. Bei den Schafen wurde ein kleines Lamm geboren. Es beobachtet neugierig den dicken grünen Frosch. Der bemerkt das Lämmchen aber gar nicht, denn er konzentriert sich auf die Fliege vor ihm. So einen dicken Brocken hat er schon lang nicht mehr zu fressen bekommen. Das Lämmchen erschrickt ein wenig, als es die lange klebrige Zunge des Frosches sieht. Schnell rennt es davon.

Das kleine Kälbchen bestaunt ganz verzückt den bunten Schmetterling. So etwas hat es noch nie gesehen. „Willst du mit mir spielen?“, fragt es den Falter. Doch der ist in Windeseile davongeflogen. Hinter dem Baumstamm hat sich ein Kaninchen versteckt und vernascht genüsslich eine leckere Karotte.

Das Kaninchen gehört eigentlich in den Kaninchenstall. Doch als Kevin die Tür geöffnet hat, um den Kaninchen frisches Futter zu bringen, ist es einfach hinausgehüpft. Kevin macht sich aber keine Sorgen. Bald wird es wieder zurückkommen, denn seine Mutter wartet im Stall. Die Kaninchen bekommen frisches Gemüse. Kevin muss auch den Stall reinigen und frisches Stroh hineingeben, damit sich die Tiere wohl fühlen. Dann wird er von seiner Mutter gerufen: „Kevin, es gibt Abendessen!“ Schnell schließt der Junge den Stall und rennt zum Bauernhaus.

Nun wird es Abend und auch die Tiere werden müde. Der kleine struppige Hund dreht noch eine letzte Runde über den Hof, bevor er sich in die Scheune schlafen legt. Auch die Kühe und Pferde sind nun in ihren Ställen. Die Schafe und Ziegen bleiben über Nacht auf der Weide. Die Dunkelheit macht ihnen nichts aus. Auf dem Baum hat sich ein kleines Eichhörnchen versteckt. Es sucht sich für die Nacht einen gemütlichen Schlafplatz.

Am nächsten Morgen erwacht der Bauernhof wieder früh. Der Hahn kräht zum Sonnenaufgang und die Tiere und Menschen beginnen langsam den Tag. Heute will Bauer Thomas das Stroh zu Ballen binden. Das Stroh liegt noch von der Getreideernte auf dem Feld. Dazu braucht er wieder eine Maschine. Diese rollt das getrocknete Stroh in fertige Ballen. Das Stroh braucht der Bauer für seine Tiere. Jeden Tag erneuert er in den Ställen die Einstreu, damit die Tiere nicht auf nassem oder schmutzigem Stroh schlafen müssen.

Ein kleiner Vogel flattert aufgeregt um die Strohballen. Er will sich ein Nest bauen. Die Strohhalme sind dafür besonders gut geeignet, da sie fest und biegsam sind. Eifrig zupft er sich die Halme aus den Rollen. Trotzdem passt er auf, dass Bauer Thomas ihn nicht erwischt. Er fürchtet sich vor den Menschen und flattert jedes Mal davon, wenn der Traktor sich nähert. Dabei muss er wirklich keine Angst haben. Der Bauer ist sehr tierlieb und freut sich, wenn der kleine blaue Vogel sich ein Nest bauen kann.